片づけについての
小さな本

あなたの住まいと人生を
整理整頓する方法

ベス・ペン 著

岡田直子 訳

プレジデント社

わたしの最初の整理アシスタントであり、
いつもわたしのいちばんのファンでいてくれる
夫のアダムへ

THE LITTLE BOOK OF TIDYING
by Beth Penn
First published in Great Britain in 2017 by Gaia Books,
Gaia Books, an imprint of Octopus Publishing
Carmelite House
50 Victoria Embankment,
London EC4Y 0DZ
www.octopusbooks.co.uk

Japanese translation published by arrangement
with Octopus Publishing Group Limited
through The English Agency (Japan) Ltd.

Contents

はじめに

多くの人が、散らかった状況をなんとかしようと解決策を探しています。物であふれた食器棚に立ち向かい、積み上げられたがらくたの山を仕分けできたら、どんなに気分がいいでしょう。でも、片づける時間を見つけるのも大変です。

わたしは10年以上、クライアントと一緒に片づけをしてきたので、片づけの効果的な方法を知っています。散らかっていない状態を保てるようになった人たちは、片づいた状態が一晩で達成できるわけではないことを理解しています。

片づけは、その場しのぎの解決策ではありません。
それは習慣であり、日々の目的であり、
生きることへの入り口なのです。

大好きなものだけに囲まれていたら、何が起こるでしょう？

きちんと片づいた生活を送ることによって、驚くほど大きなメリットが得られます。でも多くの人は、ライフスタイルの変化に抵抗しがちです。カプセルワードローブ（80ページを参照）を取り入れたり、車を持たないようにしたりするなど、自分で選択したことから生まれる肯定的な結果に注目して、モチベーションを保ちましょう。きちんと片づいた生活には、次のようなメリットがあります。

⬠ 価値がはっきりする

自分にとって大切なことに集中できるようになります。

⬠ 時間とお金の無駄を省ける

自分を満足させることに時間を使えるようになり、あれこれ決断しなければならない事柄に絶えず苦しめられる状況から抜け出せます。

⬠ 心の平穏が得られる

気にかけるべきものごとを少なくすれば、安らかな気持ちになれます（必要なものを減らすように言っているわけではありません）。

⬠ 創造力を働かせる余地が増える

このことは精神的にも物理的にも当てはまります。たとえば、ソーシャルメディアに費やす時間に上限をもうければ、ほかのことに時間を割けるようになります。

「片づいている」とは?

「片づいていない」のがどんな状態なのかを知らないうちは、「片づいている」状態について実際に学ぶことはできません。子どもはよく、おもちゃを元の場所に片づけるように言われます。つまり、「片づける」というのは、きちんとしまうことだと教わります。でも、片づけにはそれ以上の意味があります。

　片づけというのは、わたしたちが暮らしていくうえで、物の量ではなく、質に注目する手助けをしてくれる方法です。それは、物をほとんど持たずに、あるいは持ち物を100個くらいに制限してなんとかやっていこうとする試みではありません。きちんと整った生活をすること、そしてわたしたちの重荷になっているものごとを生活から取り除くことによって、より多くの時間と空間と楽しみが得られるようになるのです。

　生活の質に焦点を当てれば、自分のためになっていないものごとを簡単に取り除けるよ

うになります。片づけは、散らかっているせいで週末に大変な思いをしながら家事に追われなくてもすむことを意味します。突きつめて言えば、あなたが置かれている環境はあなたの感性を表すものであって、あなたの荷物ではありません。家賃やローンを支払っているのはあなたです。それなのになぜ自宅を、あなたの持ち物を保管する物置のように扱うのでしょうか?

　生活の質と同じくらい大切なのは、日々の過ごし方です。わたしたちは生活する環境と同じく、日々のスケジュールもすっきりと整理する必要があります。ほとんどの人が、常に忙しいという状態から抜け出せずにいます。本当は家でゆっくりしたいのに、水曜日の夜に友人から誘われると、その誘いを断れずに結局は「イエス」と言ってしまうのです。長い目で見て自分を幸せにしてくれないことばかりにかかわっていると、わたしたちの目標はすぐに失われてしまいます。

　きちんと整った生活をすること、
　そしてわたしたちの重荷になっているものごとを
　生活から取り除くことによって、
　より多くの時間と空間と楽しみが得られるようになるのです。

なぜ物を買ってしまうのでしょうか?

　必要のない買い物をしてしまう言い訳はいくらでも思いつきます。それだけで本が1冊書けてしまうほどです。そのなかでもよく耳にするのは次のような言い訳です。

気晴らしのため

わたしたちが買い物をするのは、さまざまな感情にあふれているからです。退屈、悲しみ、満たされない思い、喪失感……こうした感情に直面したり、それらを抱えたままじっとしているのを避けるためなら、わたしたちはどんなことでもします。広告に触発されて買い物をすることもありますが、いずれにしてもわたしたちは、自分を幸せな気分にしてくれる物を買おうとします。買い物をするときのわくわく感は束の間のものですが、買ったあとに気分が晴れず、罪悪感や後悔の入り交じった感情が湧き起こることはよくあります。

他人によく思われるため

わたしたちはみな、自分がいちばんよく見られたいと思っています。でも、そのためにどれほどの代償を払っているでしょうか。ファストファッションは長く着られるようには作られていないので、それらは家の中のごちゃごちゃの山に加わるだけです。そして究極的には、自然環境に致命的な影響を及ぼします。読まれることのない本棚の本は、ほこりが積もるいっぽうの持ち物以外のなにものでもなく、引っ越しのたびに段ボール箱をいっぱいにすることになります。

🏠 空想上の自分になるため

わたしたちの多くは、パン職人、庭師、スキューバダイバーなど、自分がなりたいものを思い浮かべます。この空想上の自分になるために、道具や装備を買いますが、それらを使って実際に何かをすることはありません。なぜなら、それは本当の自分ではないからです。購入した道具や装備は放置され、使われることなく食器棚やガレージや玄関をふさぐことになるのです。

物はわたしたちを
幸せにしてくれるでしょうか？

宝くじに当たればいいと誰もが夢見ています。でもいくつかの研究によって、たとえ宝くじに当たらなくても、わたしたちは同じくらい幸せでいられることがわかっています。

フィリップ・ブリックマン、ダン・コーツ、ロニー・ジャノフ・ブルマンは、宝くじの高額当選者と事故の被害者の幸福度を比較する研究を行いました※1。宝くじに当選した人のほうが、事故に遭った人より人生に対して明るい展望を持っていると、ほとんどの人が思うのではないでしょうか。ところが研究の結果、実際はそうではないことが明らかになりました。この研究では、2つのグループに分けられた被験者たちに、日常生活でどのくらい幸福感を感じるかをレベルづけしてもらいました。たとえば、友人と話をしたり、テレビを見たり、朝食を食べたり、冗談を耳にしたり、誰かにほめられたりした場合です。その結果、宝くじの高額当選者より、事故に遭った人のほうが、幸福感を強く感じていることがわかったのです。

このような結果になった理由を、研究者らは「快楽順応（hedonic adaptation）」によるものだと結論づけています。わたしたち人間は新しい状況に順応するのを得意としていますが、昇進したり、おもちゃを手に入れたりしたあとでその輝きがいったん薄れると、また新たな快楽を探し求めるようになります。

　最近、何を買ったか思い出してみてください。それはノートパソコンのような何か特別なものでしょうか。至れり尽くせりの機能がついた電気製品でしょうか。あるいは新しい車でしょうか。そういった物を手に入れたとき、わたしたちは興奮し、それに傷がつくことがないように細心の注意を払ったりもします。ですが、半年後には、すてきな車も新車特有のにおいがしなくなり、最新のモデルに買い換えたいとさえ思い始めます。わたしたちをわくわくさせるものごとを測定する物差しは、新しい物が当たり前の存在になるにつれて、長くなっていくのです。

わたしたちは、快楽や贅沢が人生において
何よりも必要なものであるかのようにふるまう。
しかし、わたしたちを本当に幸せにしてくれるのは、
自分が夢中になれる何かだ
　　──アルバート・アインシュタイン

　もしかしたらあなたは、きちんと片づいた生活を送る
ことと、物の購入を奨励する消費主義はこのままでは衝
突してしまうのではないかと心配しているかもしれませ
ん。ですが、わたしにはそうは思えません。あなたが買
い物をしたり、好きなように時間を使ったりすることに
は、なにも問題はありま
せん。ここでお願いした
いのは、自分のお金と時
間の配分について、もっ
と主体的に、意識的に
なってほしいということ
です。

この本の使い方

　この本はすぐに読み終えられる小さな本ですが、ぜひ時間をかけてじっくり読んでみてください。この本には、あなたが実際に置かれている状況をじっくり思い浮かべながら考えるためのヒントがたくさんつまっています。あなたを片づけの旅に導くために役立つアクティビティや手がかりを各章で紹介しているので、章ごとに片づけとは何かを学んでいきましょう。いったん最後まで読み通したら、また最初に戻って、書かれている順番にアクティビティを試してみることをおすすめします。

　散らかった状況と決別するのは気持ちのよいことですが、まずは、すっきりと生きることによってあなたの人生に新たな余裕（スペース）が生まれることに注目してみてください。

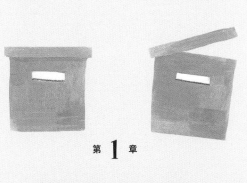

第 1 章

「散らかっている」
とは？

あなたが所有しているものはすべて、
あなたを所有している
　　　──片づけの指導者
　　　　コートニー・カーヴァー

「片づいている」の反対

「散らかっている」という言葉をよく耳にします。でも、それは実際は何を意味しているのでしょうか？

　英語の辞書を見ると、「clutter（散らかった状態）」という単語は、「混乱した、または秩序のない状態や物のこと。類義語は jumble（混乱状態）」と定義されています[※2]。わたしの経験から言うと、散らかった状態というのは、決断が遅れたことを意味しています。決断、とくに自分自身の持ち物について決断を下すのは難しいものです。仕事に関することや、家族や友だちに関することを決断するのはそれほど難しくないかもしれません。でも自宅では、目の前にあるのはあなた自身の持ち物なので、客観的になれないのです。

散らかった状態というのは、
決断が遅れたことを意味しています。

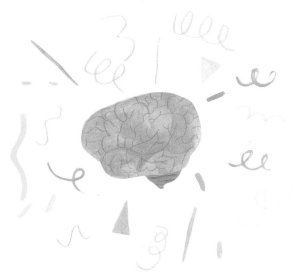

散らかった状態の背後にある科学

　散らかった状態は、わたしたちの脳にとってよくありません。散らかった机に向かって座っていると、情報に集中したり、情報を処理したりするのが難しいと感じたことはありませんか？　机に積み上がった物が、あなたの集中力を奪うのです。米プリンストン大学の神経科学者たちが最近行った研究では、仕事で実力を最も発揮するには、きちんと片づいて落ち着いた環境が鍵になることがわかりました[※3]。これはオフィスだけでなく、あなたの自宅にも置き換えることができます。ごちゃごちゃしていて片づいていない環境は、人をいらいらさせたり、

気を散らせたりして、最後は大混乱に陥らせるのです。

　家中に物があふれた32の家族にインタビューした結果をまとめた『Life at Home in the Twenty-First Century』という、社会史と消費主義に関する重要な著作があります※4。散らかった状態が人にストレスを与える事実について、心理学者のダービー・サクスビーとリーナ・レペッティが同書に寄せたコメントによると、散らかった家で暮らしている人の体内では、夜になると、ストレスホルモンであるコルチゾールの値が高くなります。ごちゃごちゃとして片づいていない環境は、うつ病になる確率を高める要因になるとともに、学習したり、記憶したり、ストレスと闘ったりする能力に影響を与えるのです。

時間がたってもわたしたちが
同じままでいることはめったにない。
たとえ、わたしたちの持ち物がそうであったとしても
　　──コミュニケーション・コンサルタント
　　　ダロン・クリストファー

散らかっている状態はよくないのに、わたしたちはなぜ、それを放置してしまうのでしょうか？

不安——わたしたちは、「もしかしたら必要になるかもしれない」と自分に言い聞かせます。オフィスで使われていない備品を捨ててしまったら、後悔するかもしれません。もし1日に輪ゴムが15本必要になったときに、1つもなかったら？　そこには多くの「もし」がかかわっています。

わたしたちは頭のなかで次のようにひとりごとをつぶやくのです。「もしコスチュームパーティーに招待されて、テーマがスーパーヒーローだったら？　このワンダーウーマンのコスチュームをいま手放してしまったら、そのときパニックになってしまうかもしれない！」

でも実際にはコスチュームはクローゼットの中にしまわれたままで、「もし」という言葉は片づけをしない言い訳です。否定的に考える代わりに、そのコスチュームが誰かほか

の人に与えてくれるかもしれない楽しみを想像してみてください。コスチュームがなくなってさびしく感じたとしても、大丈夫です。誰かにあげてしまった心の痛みより、がらくたの山が引き起こすいらいらのほうが、はるかに大きいとわかるでしょう。

罪悪感——サイズが合わなくなった服を持っているからといって、魔法のようにお金が戻ってくるわけではありません。同じことは、とても高価だったのに肌に合わなかった化粧水にも当てはまります。使っていない物を見るたびに、罪悪感が湧き起こります。あなたががんばって稼いだお金は、役に立たない物を買うために使われたのです。買い物をするときにもう少しよく考えるようにすれば、家の中に持ち込む物が少なくなります。家に持ち帰って試さなければならない品物の場合は、返品できる店で買うようにしましょう。

思い出——「さよなら」をするのがいちばん難しいのが、思い出とかかわりがある物です。なぜなら、それはあなたの過去であり、歴史だからです。わたしは、とっておきの物をいくつか残しておくことをおすすめしています。そこで大変になるのは、同じように思い入れのある物のうち、

どれを取っておくかを見極めることです。そのひとつの手立てとして、同じ思い出を表すのにどれくらいの数の物が必要なのかを考える方法があります。あなたが本当に手放したくないのは、物そのものなのか、あるいはそのとき抱いた気持ちなのかをよく考えてみてください。もし片づけがしやすくなるなら、「さよなら」を言う前に処分する物の写真を撮っておいたり、残す場合は日記に書き留めておいたりするのもいいでしょう（36ページを参照）。

散らかっているかどうかを、
どうやって知ればいいのでしょうか?

　人にはそれぞれ、どの程度の乱雑さに耐えられるかの基準があります。散らかった状態があなたに影響を与えているかどうかを確かめるには、次のような方法があります。

● あなたをいちばんいらいらさせる部屋の写真を、何枚か撮ってみましょう。その写真をコンピューターにダウンロードして、大きな画面で見られるようにしてください。写真に写された部屋は、その空間がそう見えてほしい、そういう感じであってほしいとあなたが思っていたとおりでしょうか?

● 冷蔵庫を見てみましょう。冷蔵庫の正面と横には、何も貼られていないでしょうか。あるいは、写真やメモ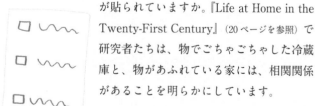が貼られていますか。『Life at Home in the Twenty-First Century』（20ページを参照）で研究者たちは、物でごちゃごちゃした冷蔵庫と、物があふれている家には、相関関係があることを明らかにしています。

● 「やることリスト」に目を通してみましょう。リストに１年以上残ったままになっていることはありませんか？

● あなたはよく外出するほうですか？　それは家にいるのを避けるためでしょうか。片づけをしている途中で、めったに使わない部屋はありませんか？

● もし、すぐに引っ越さなければならなくなったら、荷造りが必要な物の量に圧倒されてしまいそうですか？

● 何かほかにやりたいことがあるときに、どのくらいの時間を掃除や手入れや整頓に費やしますか？

● いま現在、あなたを憂鬱にさせていることをすべて書き出してみてください。そのうち、無秩序な状態が原因になっていることはいくつありますか？

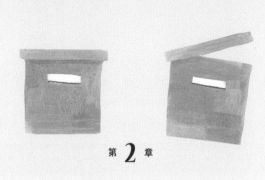

第 2 章

片づけという行為

幸せの秘訣というのは、
さらに多くのものを求めることにあるのではなく、
少ないことを楽しめる能力を磨くことにある
　　──古代ギリシアの哲学者
　　　　ソクラテス

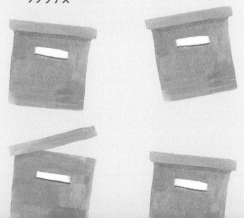

よりよく生きる

多くの人にとって、家の中を掃除するのは、時間の無駄のように思えたり、来客が訪れる前にしなければいけない面倒な作業に思えたりするでしょう。こんな表現を聞いたことがあるかもしれません。「あなたの親友は、家の中がきれいかどうかは気にしません。彼らや彼女たちが気にするのは、ワインがあるかどうかだけです」

この意見は的確です。よい友だちというのは、あなたやあなたのライフスタイルを評価したりはしません。きちんと片づいた家にしたいという発想が、罪悪感や外部からの圧力から来るものであってはいけないのです。

いい状態の家は、あなたを支え、
あなたが望む人生を生きるための力を与えてくれます。

片づいた家にしたいという発想は、常に鍵を探し回ったり、歯磨き粉を買い足すまでシンクの下に予備があることに気づかなかったりするような場所ではなく、家の中を自分の支えになるような環境にしたいという強い思いから来ていなければいけません。もし、家が散らかっ

ていることに苦しめられているとしたら、それはあなた
が変わるきっかけです。いい状態の家は、あなたを支え、
あなたが望む人生を生きるための力を与えてくれます。

どこから始める？

　片づけに関してわたしが大好きな点のひとつは、どの部
屋から始めてもいいということです。家のどこから取り組
むべきという、正しい順番はありません。ただ、散らかっ
ていて気になる場所が、すでにあなたの頭のなかにはある
かもしれません。あなたの優先順位に従って、1回につき
1つの部屋を片づけるのがいちばんいい方法です。

　最初の質問です。もし魔法の杖を持っていて、どこか
1つの場所を片づけられるとしたら、それはどこでしょ
うか。そして、その理由はなんでしょうか？　この質問
は、あなたがどの場所をいちばん片づけたいと思ってい
るか、なぜその場所が重要なのかを考えさせてくれます。
　わたしたちはみな、片づけたいと思っている場所がた
くさんあります。1つを選ぶことによって、片づけの見
通しを立てることができるのです。そしてその場所が、

ほかのすべての場所の鍵を開けることになるかもしれません。

　たとえば、ある人がガレージを選んだとします。なぜなら、ガレージに物があふれているからです。それはつまり、家の中のいくつかの場所で、物をしまう余裕がないということを意味します。そのガレージがきれいに片づけば、家の中の空間を占めている、ふだんあまり使わない物をしまう場所になります。

どれくらいの時間をかける？

　片づけの作業にどれくらいの時間がかかるかという質問は、答えるのに困る場合が多い質問です。片づけにかかる時間は、いろいろな要素によって異なります。何を片づけるか（紙や思い出の品の整理にはいちばん時間がかかります）、どれくらい早く決断できるか、それぞれの空間にどのくらいの量の物があるか、などです。

　ここでいい知らせがあります。片づけの各作業にどれだけ時間をかけるかを決めるのは、あなただということです。自分に対して言ってみてください――「この部屋にはこれだけの時間をかける。今日は食器棚かたんすを片づける」。かける時間を自分で決めれば、作業は気楽になりますし、片づけのせいで燃え尽きてしまうのを避けられます。もし家中の片づけを1週間で終わらせようとしているなら、しばらくのあいだは片づけをしたくないと思うようになるでしょう。

　片づけというのは、新しい生き方です。焦ってする必要はありませんし、途中でくじけてしまうようなリスクを冒す必要もありません。捨てるべき物を集める、再利用する物を集める、チャリティに寄付する物を集めると

いうように、掃除の時間を細かく区切るのを忘れないようにしてください。1時間の作業につき、この作業に費やす時間は10〜15分くらいです。

片づけの手順

第1章で紹介した、あなたをいちばんいらいらさせる部屋の写真を撮るアクティビティを思い出してください。今日は、その空間をもっと近くで見て、片づけ（わたしはそれを持ち物の「プロセシング」と呼ぶのが好きです）に取りかかりましょう。ごみの袋、リサイクルの袋、寄付の袋に加えて、もし役に立ちそうならメモをとるためのペンと紙を用意してください。

いくつかの物については、どうしたらいいかを決める
のが難しく、決断を後回しにしたくなるかもしれません。
困難に直面すると、あきらめたいという誘惑に駆られま
す。運動（エクササイズ）を例に挙げてみましょう。筋肉が悲鳴をあげて
いても、目標を達成するには続けなければいけません。
片づけも同じです。決断するのを何かに邪魔されている
ように感じたときは、とにかく最後までやり通してくだ
さい。それによって変化が可能になります。

　片づける場所が部屋全体か食器棚かにかかわらず、左
から右、上から下に向かって、ていねいに片づけてくだ
さい。携帯電話の電源をオフにして、音楽をかけましょ
う（片づけをしているときは気を散らすものをなくすよ
うにします）。そして片づく前は常に、以前よりも散らか
るものだということを意識してください。
　では、1つめの物を手に取って、自分に尋ねてみま
しょう。

⬠ どのくらいの頻度で使っているか

もし毎日使っているのでなければ、それなしで生活することを検討しましょう。

⬠ 絶対に必要なものか

たとえ毎日使っているとしても、あなたがそれを必要としているとはかぎりません。数年前、わたしはトースターを手放しました。たしかにわたしはそれを毎日使っていました。でも、オーブンにも同じような機能があるのです。トースターを手放して、代わりに何を手に入れたと思いますか?

手に入れたのは、キッチンの調理台の上の空間です。同時に、掃除すべき場所ときれいに保つべき場所、究極的には置き換えるべき物を1つ減らすことができました。

⬠ これを取り除いたら、どのような空間になるか

取り除こうと考えているものの、まだ捨てる決心がついてない物は、箱の中にしまっておきましょう。小さな空間が生まれることによってどのように感じるか、体験してみてください。

足りないものがないと気づけば、
世界はあなたのものになる
──道教のことわざ

エピソードを語る

　片づけをしている最中に、思いがけない感情が表に出てくることがあります。エクササイズ用のＤＶＤの山は、うまくいかなかったダイエットを表しています。チェック柄のボタンダウンのシャツは、いまは結婚して夫婦になったふたりの、初めてのデートの象徴です。

　わたしはクライアントと一緒に片づけをするとき、物を手放す前に、追悼の言葉を添えてその物自体をほめたたえながら、それぞれの物にまつわるエピソードを語ってもらうようにしています。それぞれの物がどういういきさつでそこに来ることになったかを聞くことによって、わたしはそれらの物の来し方の目撃者になるのです。この行為が片づけの一部になると、物に「さよなら」を言えるようになります。ある女性が次のように話してくれました。「物にまつわるエピソードを語るのは、物を手放すことだけでなく、その思い出を解釈する手助けもしてくれます。そしてその思い出は、永遠に消えることがありません」

人生において必要のない欲求を取り除くことによって
人生の複雑さを減らすこと、
そして労力を減らすことは、
人生の複雑さと労力自体を減らしてくれる
　　──アメリカのナチュラリスト・作家
　　　　エドウィン・ウェイ・ティール

 アクティビティ

もう一度、使ってみる

　物を片づけていると、こんなことをつぶやくはずです
──「持っていたことすら忘れていた！」。しばらくのあ
いだ使っていなかったとしても、それがま
た視界から消えてしまうことにためらいを
感じるかもかもしれません。

　そうした物については、「すでに持って
いる物の代わりになるだろうか」
と自分に質問してみてください。
もしそれが、いま使っているオ
フィスの備品、調理器具、衣類
などよりいい型の場合は、すでに

持っている物のほうを処分しましょう。もしほかの物には代えられない物の場合は、もう一度使ってみてください。そして1日、それを完全にあなたの世界に取り入れる日をもうけてみましょう。使いこなせなかったとしても大丈夫です。よくやったと、自分をほめてあげましょう。あなたは十分がんばりました。いまこそ自信を持って、その物に「さよなら」を言ってください。

書くことで癒やされる

持ち物を減らすのはいいことだとわかっていても、実際にそうするのはまだ難しく感じるでしょう。罪悪感、悲しさ、後悔といった感情がたびたび顔を出すかもしれません。そうした扱いづらい感情を乗り越えるために、片づけの過程と手放したい物について、日記をつけてみましょう。

これは、心理学の世界で「エクスプレッシブ・ライティング（筆記開示法）」と呼ばれています。トラウマになっている出来事や、ストレスを感じたり感情的になったりした経験などについて、1日15分、句読点や文

法を気にせずに書く技法です。書いて
いるときに心が乱されることがあるか
もしれませんが、気分や健康状態を改
善したり、精神状態を健康に保ったり、
免疫力を高めたりするなど、多くの長
期的な効果があるとされています。心
理療法士のマウド・パーセルは次のよ
うに述べています。「書くという行為に
は、左脳が使われます。左脳は分析
的・理性的です。左脳が使われているあいだは、創造、
直観、感覚など、右脳が得意としていることを自由にで
きるようになります。このように、書くことはメンタル
ブロック（訳注：行動を起こすときに、思い込みや刷り込みによっ
て行動を抑止する思考）を外してくれると同時に、自分自身
や周囲の環境を理解するために脳の力を使う手助けをし
てくれるのです」※5

**幸福かどうかは、あなたが何を持っているかや、
あなたが誰なのかによって決まるわけではない。
幸福かどうかを決める唯一のものは、
あなたが何を考えているかだ**

——ブッダ

「……すべき」を忘れる

　家の片づけをしていると、何かを「すべき」だという思いに悩まされることがあります。「今年の電気代と去年の電気代を比べるべきだ」「節約のためにクーポンを取っておくべきだ」。わたしたちは、実際よりも自分が劣っているかのように感じさせる、たくさんの物にしがみついています。

　こうした種類の自己評価は、言うまでもなく本当の意味で「ムードキラー(気分をだいなしにするもの)」であり、ますますあなたを不安にさせます。このような考えが頭に浮かんできたときは、その衝撃を和らげる方法を自分で見つけることができます。日記をつけることは、ネガティブなひとりごとを自分で認識し、追い払うのを助けてくれるでしょう。ほかにも、瞑想はマインドフルネスな環境を作り出し、「……すべき」という考えを静めてくれます。

自分自身を知ることが、すべての知恵の始まりだ

　——古代ギリシアの哲学者
　　アリストテレス

自分へのごほうび

　もう使っていなかったり、愛着がなかったりする物の
うち、売ることができる物があれば、それはあなたが片
づけをがんばる動機を与えてくれます。物を売って得た
お金を貯めるのもいいですし、すてきなディナーに使っ
たり、友だちとのちょっとしたお出かけに使ったりする
のもいいでしょう。掃除によって空いた空間を、物で埋
めるのではなく、素晴らしい方法で祝福してください。

第 **3** 章

片づいた空間を維持する方法

時間は、人間が消費しうるもののうちで
最も価値がある
　　　──古代ギリシアの哲学者
　　　　　テオプラストス

「散らかっている」の一歩先へ

　片づけによって新しく生まれた空間をきれいに保つには、計画を立てる必要があります。計画を立てれば、時間とお金を無駄にしなくてすみます。それは、ストレスや不安が減るということであり、より多くの柔軟性、ひいては自由を手に入れるのと同じことです。

　物でいっぱいだった空間を思い出してみましょう。以前に撮った部屋の写真を見てみれば、紙の山や積み重なった本、あふれそうな棚やクローゼット、それに置き場所が決まっていないがらくたや、何だかよくわからない細々とした物があるのに気づくと思います。

　物を捨てるときは、ちょっとした空間（わたしはそれを「成長する余地」と呼んでいます）を残すようにしてください。本やオフィスの備品でぎりぎりまでいっぱいにしてしまうと、余分な空間がないため、新しい物を何も受け入れられなくなってしまいます。生活に欠かせない物や、あなたがふだん使っている物、とても気に入っている物だけを手元に残すようにしましょう。

生活に欠かせない物や、あなたがふだん使っている物、
とても気に入っている物だけを
手元に残すようにしましょう。

ネガティブ空間はあなたの友だちです。「ネガティブ空間」は写真用語のひとつで、メインの被写体のまわりにある余白を指しています。この何もない開放的な空間があることによって、その写真を見る人が被写体に集中できるようになります。同じように、物たちに成長する余地を残してあげることによって、脳に刺激を与える物の数が減り、見ていて心地のよい空間になります。あなたを歓迎してくれ、リラックスさせてくれる空間、そのうえあなたのお気に入りの物やよく使う物だけが並んでいる空間を想像してみてください。本当にすてきだと思いませんか？

物を置かない空間に目印をつける

　マスキングテープを使って、本棚やクローゼットに新しくできた空間に線を引いてみましょう。このテープが、目に見えるかたちで「ここに物を置いてはいけない」と(やさしく)リマインドしてくれます。マスキングテープがなければ、代わりに紙や付箋を使っても大丈夫です。

片づけをすればするほど、
片づけがうまくなる

　片づけを続けていると、前回の片づけから今回の片づけのあいだに使った物、使わなかった物を考慮に入れられるようになります。手放すことを考えていなかったような物も、2回目、3回目の片づけのときには、自信を持って捨てられるようになるでしょう。

　いま行っているこの作業は、ごほうびと同じくらいの価値があります。わたしにとって、片づけによってできた新しい空間がもたらしてくれる気分は、思いがけず夕日を見たときの感動と同じです。きっとあなたは、いま自分が見ているものをすべての友だちにも見てほしい、感じているものを感じてほしいと思うはずです。

「収納グッズ」の売り場に要注意

　片づけを始めるきっかけとして、あるいは片づけのモチベーションを高く保つために、ほとんどの人が新しい収納グッズを買うことにエネルギーを注ぎます。新しいグッズを買えば、物を捨て続けなければならなくなる可能性がかなりあります。物を入れるのに役立つ空のシューズボックスがあちこちにあるにもかかわらず、箱やふた付きのケースは片づけのためというよりも、むし

ろ散らかった物を隠すための目隠し布のような役割を果たしていることがほとんどです。箱やふた付きケースはかさばりますし、ラベルを貼って（貼り替えて）、そこに何が入っているかをわかるようにしておく必要があります。管理に要するこのような手間は、はたして空間や時間やお金と同じ価値があるでしょうか。

　箱やふた付きケースを買うわくわく感の代わりに、片づけによってわくわく感を得ましょう（そのほうがよほど満足感を得られます）。

　次の方法を試してみてください。物をしまう問題を解決するために完ぺきな収納箱を探していることに気づいたら、すでに持っている物で代用することを考えてみましょう。わたしの家では、洋服を「ファイリングする（きれいに並べる）」というのがよく使われる収納テクニックです。洋服ダンスの中に、毎日の着替えが楽になるようにシャツを並べてみましょう。ファイリングは、無駄な空間を減らしてくれますし、洋服ダンスの中にどんな服が入っているかをひと目でわかるようにしてくれます。

止まりさえしなければ、
どんなにゆっくり進んでも大丈夫

──中国の哲学者
孔子

点検の日の予定を入れる

　一貫性というのが、片づいた家を維持するための鍵です。空いた空間や、寄付するつもりの物が入った袋を再検討する時間を作りましょう。この作業を、洗濯をする日や、ルーティンワークをする日にプラスするか、週の決まった曜日に入れることはできますか？

　この点検のときに、自分自身に質問してみてください。「わたしはこれを本当に使っているだろうか？　本当に必要としているのだろうか？　誰かほかの人のほうがうまく使ってくれるのではないだろうか？」と。

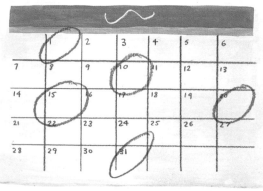

あなた自身をサポートする

　片づけは、ひとりで進められるものでもありますが、物理的な意味でもそれ以外の意味でも、誰かの手を借りればもっとやりやすいと感じるかもしれません。自分にとって最善のサポートは何かを考えましょう。そして、いまのあなたの片づけのスケジュールにおいて、最も効果的な実行計画を立ててみましょう。

⬡ グループに参加する
　人生をシンプルにしようとしている人のための支援グループに参加するのは、励みになるものを見つける素晴らしい手段です。どんなグループがあるかを調べるには、グーグルが役に立ちます。

⬡ 本などを読む
　本や記事は、助けになるものや情報を探すために役立ちます。

⬡ ヘルパーを雇う
　この方法は最も早く結果が出ることがあります。専門家に手伝ってもらえるので、最もストレスが少なくてすみます。

⬡ ソーシャルメディアを利用する
　整ったライフスタイルを「いいね」してくれて、励ましてくれる人をフォローしましょう。そして、あなたの友だちもその輪に招き入れましょう。彼らや彼女たちは、あなたがうまくやっているかどうかに目を光らせるはずです。それによって緊張感を保つことができます。

フェイスブックのグループに参加する

実際に片づけをがんばっている人たちが役立つ情報や秘訣、いま取り組んでいる作業などについて投稿しているグループを探してみましょう。

経過を報告するパートナーを見つける

悩みを打ち明けられる、あるいは喜んで助けてくれる（または逆に助けてあげられる）友だちはいますか？　そういう友だちがいれば、片づけをするときに一緒に部屋にいて自信を与えてもらったり、ふたりで目標を設定して定期的に経過を報告しあえたりできます。

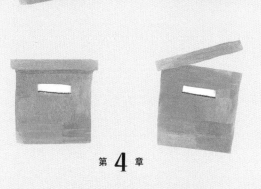

第 **4** 章

境界線を設定する

変わるための秘訣は、
全エネルギーを過去と闘うために使うのではなく、
新しいものを作り上げるために使うことにある
　　──古代ギリシアの哲学者
　　　　ソクラテス

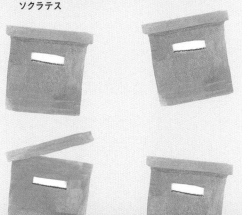

体験に投資する

　少なくとも長い目で見た場合、物では幸せは得られないことを、わたしたちは知っています。それはつまり、あなたはもう新しいスマートフォンやバッグ、すてきなブラウスを買うことができないという意味でしょうか？いいえ、もちろん違います。

　自分へのごほうびや、心がときめくような何かを購入することには、言うまでもなく価値があります。でも、新しいテレビを買うための貯金を始める前に、何らかの経験（必ずしも稼いだお金をたった一度の贅沢な旅行につぎ込むというようなものではありません）にお金を使いたいと考えるかもしれません。ネイルサロンに行ったり、レストランで食事をしたり、そのほかにもあなたがするつもりでいたことには、ビーチリゾートへの派手な旅行と同じくらい肯定的な効果があります。

　ある調査によると、それが一生に一度のバカンスだろうと、行列に並んで買う流行の食べ物だろうと、消費者は計画的な経験に大きな価値を見出しているそうです。

長続きする価値

　新しいスマートフォンを買うことによって、あなたが不幸になるわけではありません。ただし長い目で見ると、考えた末に選んだ経験と比べた場合、あなたを幸せにしてくれるわけでもありません。人は、新しいスマートフォンよりも、楽しかった旅行や、大好きなバンドのコンサートに行ったときの話をたくさんする傾向があります。

　米コロラド大学ボルダー校心理学部教授のリーフ・ヴァン・ボーベンは、次のように述べています。「経験を買うことのほうが前向きな再解釈をする余地があり、誰かとの不利な比較に巻きこまれることもありません。また、よりよい社会的関係を育むこともできます。そのため、物質的な購買よりも人を幸せにするのです」※6

　そんなわけで、人気のお芝居を見るために長い列に並んでチケットを買わなければいけなかったとしても、そのお出かけを楽しい経験に変えることができるのです。待っているあいだ、まわりにいる知らない人とおしゃべりをするかもしれません。それに、友だちへの土産話も得られるかもしれません。反対に、もしあなたが最近

郵 便 は が き

１０２８６４１

東京都千代田区平河町2-16-1
平河町森タワー13階

プレジデント社

書籍編集部 行

フリガナ		生年（西暦）	
			年
氏　　名		男 ・ 女	歳
住　　所	〒		
	TEL　　（　　　）		
メールアドレス			
職業または 学 校 名			

この度はご購読ありがとうございます。アンケートにご協力ください。

```
本のタイトル


```

●ご購入のきっかけは何ですか?(○をお付けください。複数回答可)

　1 タイトル　　　2 著者　　　3 内容・テーマ　　　4 帯のコピー
　5 デザイン　　　6 人の勧め　7 インターネット
　8 新聞・雑誌の広告 (紙・誌名　　　　　　　　　　　　　　　　）
　9 新聞・雑誌の書評や記事 (紙・誌名　　　　　　　　　　　　　）
　10 その他(　　　　　　　　　　　　　　　　　　　　　　　　　）

●本書を購入した書店をお教えください。

　書店名／　　　　　　　　　　　　　　(所在地　　　　　　　　）

●本書の感想やご意見をお聞かせください。

●最近面白かった本、あるいは座右の一冊があればお教えください。

●今後お読みになりたいテーマや著者など、自由にお書きください。

どうもありがとうございました。

買った、友だちにはとても買えないような（あるいは友
だちがお金をかけないような）ジャケットの話をすれば、
その友だちはあなたの人生と自分の人生を比べることに
なるかもしれません。経験への投資がさまざまなタイプ
の冒険への扉を開けてくれることは、簡単に理解できる
はずです。

計画性のある買い物

　完ぺきで楽しい人生にしたいと思ったら、それが実店舗かオンライン店舗かはともかく、何かしらの物を買う必要があります。そのためには、計画を立てることが重要です。すっきりしたライフスタイルを取り入れられれば、新しい境界線を引けるようになるはずです。片づいた家は、意識的な買い物も促してくれます。

買い物リストを持たない
でお店に行くと、わたし
はいつもお金を使いすぎ
てしまいます。計画性
のない買い物は、幸せに
してくれると思う物を求
めて「スカベンジャー・ハ
ント」（訳注：主催者が用意したリスト
に書かれた物を集めるゲーム）をすることになります。

片づいた家は、
意識的な買い物も
促してくれます。

わたしが意味のない買い物をしてしまうときはたいてい、退屈やストレスや不安といった不快な感情を頭のなかから払いのけたいときです。計画を立てないで買い物に行くと、売られている商品の中でいちばんよいものはどれか、自分のライフスタイルに最も合っているのはどれかといったことをよく調べる時間、つまり買い物に必要な準備をする時間がほとんどありません。そのため、結局は返品の列に並ぶことになり、時間とお金を無駄にすることになるのです。

はっきりとした目標を定める

　もし、あなたの目的がすっきりと片づいた家に住むこと、必要のない物を買わずにすむことだとしたら、あなたは素晴らしいごほうびをもらえるでしょう。ぴかぴかと輝く新しい物を買わなかったとき、わたしは人生の勝者になったような気分になります。そのことは、新たに購入したがらくたのない、より豊かな生活を送ることができるとわたしに教えてくれます。今度、オンラインショッピングやお店をぶらぶらしながら買い物をするときは、自分に次の質問をしてみてください。

本当に必要な物か

生活必需品でないかぎり、この新しい物によって自分自身と家の空間に何がもたらされるのかを考えてください。それは長期にわたってあなたを幸せにしてくれますか？　前に捨てた物や、いま使っている物の代わりになるでしょうか。

⌂ 置き場所があるか

「成長する余地」としての空間を考えてみましょう。物を置くためにその空間を犠牲にしたいと思いますか？ あるいは、それを置くためにもっと散らかす必要がありますか（そこまでする価値がありますか）。

⌂ どのようなメンテナンスが必要になるか

特別な手入れが必要な物ですか。あるいは通常どおりの手入れができる物ですか。

⌂ 長持ちするか

それは毎年買い換えないといけない物でしょうか。質のいい物ですか。何回くらい使える物ですか。

ハウスルールを作る

　整った暮らしへの道のりは、苦しい闘いである必要は
ありません。従うべきハウスルールを作れば、何かを決
断するときのプレッシャーを少し減らすことができます。
自分の買い物の習慣を振り返って、家に不必要な物を持
ち込むのを避けるためのルールをリストにしましょう。
次に挙げるのは、ハウスルールの例です。

買う前に考える

その場から一度離れて、考えてからまた戻りましょう。離れている
あいだに、買うのをやめようと思うかもしれませんし、やっぱり買
おうと思うかもしれません。自分に考える時間を与えることによっ
て、意識的な買い物ができるようになります。

まとめ買いをやめる

お金の節約になるからといって、ついついまとめ買いをしてしまい
ます。でも、まとめ買いは空間の節約はしてくれません。それに、
まとめて買った物をどこにしまったのか忘れてしまい、また買って
しまうことがよくあります。頭がおかしくならないよう、いま必要
な分だけ買うようにしましょう。

⬡ 1つ買ったら、1つ手放す

何か新しい物を1つ買うなら、別の何かを1つ手放さなければいけません。片づいた状態を保つために、わたしは同じカテゴリー内で捨てる物を決めるようにしています（新しい靴を買ったら、古い靴を捨てる）。

試供品にさよならをする

イベントに行って、袋いっぱいに入った試供品（ただで手に入るけれど、そのほとんどは必要がない物）を持って帰ってきた経験はないでしょうか。礼儀を守りたいのなら、試供品をチャリティショップやリサイクルショップに持って行って、寄付しましょう。

セール品だからといって買わない

ほとんどの人が掘り出し物を見つけることにスリルを覚えます。でも、もしその商品の魅力が割引された価格だとしたら、そのままそこに置いておきましょう。

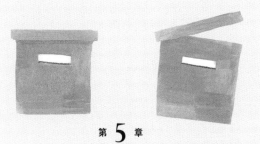

第 5 章

時間は
どこへ消えてしまうのか?

人生は満たされている。人生には余裕もある
　　——タイムマネジメントの専門家・作家
　　　　ローラ・ヴァンダーカム

スケジュールを整理する

　満足のいく整った人生を手に入れるには、自分の周囲の環境を整理するのと同じくらい、スケジュールを整理することも大切です。あなたにとって重要なことに使う時間を確保する必要があります。

　『ニューヨーク・タイムズ』に掲載された「忙しい人の嘘」という記事で、ローラ・ヴァンダーカムはギャラップ調査の結果を引用し、「仕事をしているアメリカ人の61%が、やりたいことをする時間がないと言っている」と述べています[7]。

　時間にしばられているとき、わたしたちは混沌（カオス）と呼べる状態にあります。タイトなスケジュールは、便利なライフスタイル——たとえば食べ物をテイクアウトしたり、気持ちが安らぐもののさらに家を散らかすようなむなしい買い物をすること——を当てにしています。

時間にしばられているとき、わたしたちは混沌（カオス）と呼べる状態にあります。

棚卸しする

　自分の時間を評価することが、究極的には真実を物語ります。職場で過ごした時間をわたしたちがどのように考えるかについて、ローラ・ヴァンダーカムは次のように述べています。「仕事をしている人は、勤務時間を実際よりも長く考える傾向があります。わたしたちは、いちばん忙しかった週を典型的な例として覚えているのです。嫌な経験のほうがよい出来事より印象に残ることが、そのひとつの理由です」※8

　使える時間がどれくらいあるかよくわからないときは、やり損ねているかもしれないことについて考えてみてください。もしかしたら、あなたはそのために使える十分な時間がないと思っているので「やらない」と言っているのかもしれません。時間がどこに消えてしまったのかわからなければ、それはあなたの幸福度と生活の質に影響を及ぼします。そうだとしたら重大な問題です。

時間をどのように
使いたいと思いますか

● 優先事項をリストにしてみましょう。あなたにとって本当に大切なことはなんでしょうか？ 趣味、仕事、家族、友だち、ペット、主義、目標について、必ず考えるようにしてください。

● 作ったリストを見てみましょう。優先事項に関して、使いたいと思っている時間を費やせていますか？

● あなたの目標に沿っていないことに対して、毎日のように「やる」と言っていませんか？

ルーティンに気をつける

　お札を手放すより、小銭を何枚か手放すほうが、簡単なことのように思えませんか？　間食も同じです。ひとつかみのポップコーンより、ひとかけらのチョコレートのほうが、健康に害がないように見えます。毎朝のコーヒーショップでの買い物を振り返ってみて、これまでに使ったコーヒー代を合計したらいくらになるか気づいたとき、挑戦が始まります。費やしたお金を具体的な数字で考えたとき、はじめて計算できるようになるのです。

　同じことは、時間についても当てはまります。昨日を振り返ってみましょう。SNSにどれくらい時間を使いましたか。メールに返信するのにどのくらい時間がかかっているか、知っていますか。毎日のルーティンに従うのは簡単です。でも、自動操縦で生活していると、結果的に時間不足につながる小さな決断の積み重ねに気づかなくなってしまいます。

時間を追跡する

「やることリスト」に「片づけ」と書かれているのに、手が回らないと感じている人にとって、このアクティビティはぴったりです。罪悪感を抱いたり、自分を責めたりするのではなく、意識することが大切です。

　日々の生活を注意深く観察すれば、時間の使い方が自分の価値観に沿っているかどうかを知る手がかりをつかめます。たとえば、このアクティビティを通して、（おそらく家の中が散らかっているために）夜は外で過ごすことが多いとわかるかもしれません。それに気づけば、週に何日、家で食事するかを決めて、片づけに専念しようと決断できるかもしれません。

　表計算ソフトを使っても、紙とペンを使ってもかまいません。どんなツールを選んだとしても、1日を正確に追跡できるように、常にその表に書き込めるようにしましょう。少なくともまる3日分追跡してみるのがおすすめですが、できる範囲でやってみてください。追跡すればするほど、意識的になれるはずです。

● 時間管理は、食べた物を記録するダイエット日記に似ています。何かをしたら記録してください。

● 朝起きた瞬間から始めて、夜ベッドに横になるまで続けてください。それが最も重要なことです。とにかく記録しましょう！　わたしはスプレッドシートを10分ごとに区切っています。

● ほかの人や、何か別の仕事に邪魔されたときは、それをメモに残してください。

- 自分で自分の気を散らすことをしてしまったときは、記録してください（たとえばSNSのチェック、メール作成、オンラインショッピングなど）。効率を上げるために、印をつけて、どれくらいの頻度で自分の邪魔をしているのか、わかるようにしましょう。

- このアクティビティがうまくいくように、「仕事」「プライベート」「趣味」など、それぞれの記録を分類しましょう。

アクティビティ

確認する

　1日を追跡してみて、どう思いましたか。時間をどのように使っているのか、おそらく以前よりも多くの洞察が得られたのではないでしょうか。では、次の質問について考えてみてください。

● それぞれのことにかかる時間を、少なく見積もっていたでしょうか、あるいは多く見積もっていたでしょうか。何かをするとき、自分が考えているより少なく、または多く時間を費やしている人がたくさんいます。

● 記録を見直して、あなたを最も邪魔しているものを特定しましょう。それはあなたの外側から来るものでしょうか。それとも、いちばんの敵はあなた自身でしょうか?

● 仕事に関して、あなたは最優先事項に時間を使っていますか?

● 仕事以外のことに関して、あなたが重要だと考えていることは、あなたの希望どおりにこの表に表れていますか?

● 時間をこう使いたいというリストと、実際の行動の記録を見比べてみてください。

● この記録に関して、何か驚いたことはないでしょうか。思っていたより余裕がありましたか？　だとしたら、その余った時間を何に使いたいと思いますか？

● 今後、別の方法でやってみようと思ったことはありますか。たとえば、誰かほかの人に任せられるようなことはありませんか？

 アクティビティ

1日を簡素化する

　永遠に終わりの見えない「やることリスト」は、散らかった状況を表しています。物理的なことであろうと、時間管理に関することであろうと、ごちゃごちゃした状態は、わたしたちを優先事項に集中できなくさせます。あ

なたはもう、自分が日々の時間をどのように使っているか、よく理解しています。どうすればそれらの時間をもっと効率的に使えるか、考えてみましょう。

● 1日の終わりにリセットしましょう。緊張をほぐしてくつろぐ前に、翌日のために2〜3分かけて、それぞれの作業にどれくらい時間がかかるかを見積もった現実的な「やることリスト」を作ってください。これはとても役に立ちます。なぜなら、朝はいつも忙しく、大量のメールを処理する必要があるかもしれないからです。また、新しい「やることリスト」を作成することで、実際に何に時間がかかっているかを確かめることもできるからです。それに応じて今後のスケジュールと仕事を調整できます。

永遠に終わりの見えない「やることリスト」は、散らかった状況を表しています。

● カレンダーの同じ曜日に、毎週必ずすべきこと
を書き込んでください。たとえば、1週間の食
事プラン、食べ物の買い出しと作り置き、洗濯、
オンラインでの必需品購入、掃除、植物の水や
りなどです。やるべきことのすべてができない
ときは、スケジュールを変更しましょう。

● 自分のためにならない活動や作業はやめましょう。時
間管理のアクティビティを振り返ってみてください。
時間の無駄になっていることを整理して、その時間を
新しいプロジェクトやスケジュールに余裕をもたせる
ために使いましょう。

誰も時間を取り戻すことはできない。
それはつまり、誰も自分自身を
元に戻すことはできないということだ。
人生は、始まったところから道を進むことしかできず、
巻き戻すこともできず、
たどってきた道を確かめることもできない。
その結果、何が起こるだろうか?
人生に急かされているにもかかわらず、
つい夢中になってしまう。
そうしているうちに死が訪れ、
使える時間を使うことができなくなる

──ローマ帝国の哲学者・政治家
　アンナエウス・セネカ

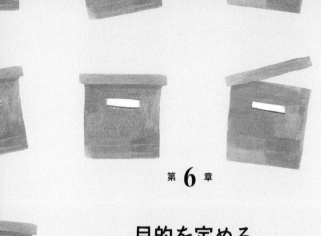

第 6 章

目的を定める

多くの物を求めるのではなく、よりよい物を求める
──実りある生活を生み出す家具・道具メーカー
〈スクールハウス・エレクトリック〉

わたしたちが支払う代償

　わたしたちが日々、家に持ち込む多くの製品は、地球とわたしたちの未来に害を与えています。ある統計によると、アメリカ合衆国の人口は世界人口の５％でしかないにもかかわらず、世界中で廃棄されるごみの30％を生み出しているそうです。

　1995年、経済学者で小売業アナリストのヴィクター・ラボウは、このきわめて生産性の高い経済を維持するには、わたしたちがますます消費を続ける必要があると述べました。整った生活に変えることは、持ち物すべての収納場所を作ることだけを意味するのではありません。このライフスタイルは、消費者の責任にも価値を置いています。

ファストファッション

　わたしの経験から言うと、散らかっている場所の多くはクローゼットです。このことは、イギリスでは衣類の30%以上が1年もたたずに着られなくなるという事実を知れば納得がいきます。2016年にアルデン・ウィッカーは、『ニューズウィーク』の記事で次のように述べています。「アメリカ人が毎年捨てる服の量は、過去20年間で700万トンから1400万トンまで2倍に増えました。驚くべきことに、1人当たりの量で考えると80ポンド（36キログラム）にもなります」※9

　消費者に買い続けさせるため、ファッション業界は1年間を52もの「マイクロシーズン」に分割しました。ファストファッションは長持ちするようには作られていません。すぐにくたびれてしまったり、破けてしまったりするため、寄付することもできませんし、ほとんどの服はリサイクルにも適していません。世界的に見ると、毎年何百万トンもの服が処分場に行きつきます。このような事態に対して、わたしたちに何ができるでしょうか。

アクティビティ

「カプセルワードローブ」を作る

　カプセルコレクションとは、多くの服装を生み出すための万能な"衣類のアッサンブラージュ"です。最初は、コートやシャツにふだんよりたくさんのお金を費やすのは難しく感じるかもしれません。でもそれは、あなたが持っているすべての洋服に合わせて着ることができます。そこから得られる大きな価値に気がつけば、いままでよりずっと幸せになれるでしょう。

● はじめに、どれくらいの数のアイテムをコレクションに含めるかを決めてください。最初に限度を決めておけば、あとから決断する際に役立ちます。ちょうどいいのは 40 アイテムくらいです。

　その数には、靴やアクセサリーも含まれるのでしょうか。ほとんどのカプセルワードローブには、トレーニング用のウェアやパジャマ、下着は含まれません。

● 次に、あなたが毎日身につける物について考えてください。ジーンズにTシャツでしょうか。あるいはワンピースでしょうか。それともスーツでしょうか。

1週間分の服装の計画を立てて、週の終わりにそれぞれの種類の衣類の数を数えてください。

シャツやトップスを何枚着ましたか。たとえば、5枚だとしましょう。この5枚があれば十分でしょうか？もしそれらの服のサイズがぴったりで、着回しができて、あなたが気に入っているのなら、その枚数で十分かもしれません。

● クローゼットの中の物をすべて、（ベッドの上に）並べてみてください。そしてそれぞれの衣類を「すごく気に入っていて着る」「まあまあ気に入っていて着る」「あまり気に入っていないので着ない」の3種類の山に分けてください。

次に、それぞれの山にある衣類の数を数えます。「すごく気に入っていて着る」ものは、あなたのカプセルワードローブの中心になりそうでしょうか？　それを中心にカプセルワードローブを作る準備をして、残りの衣類は手放しましょう。

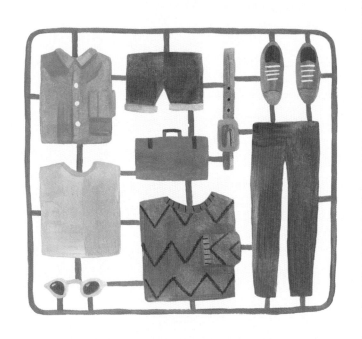

● さあ、意識的な消費者になるための練習の始まりです。
ずっと憧れてきたブランドの服に投資するためのリ
サーチをしてください。
新しく手に入れるアイテムは、ワンシーズンだけでな
く長きにわたってあなたの身近な存在になるので、リ
サーチに時間をかけても大丈夫です。

シェアリングエコノミー

　シェアリングエコノミーとは、物を実際に所有せずに利用することです。物があなたの空間に永遠に存在することもなく、空間が散らかることもありません。シェアリングエコノミーは自然環境に対して関心を示せる方法でもあります。たとえば、自動車を実際に所有することなく、自動車を持つことができます。自転車、ドレス、工具など、思いつくほとんどの物を、所有する責任を伴わずに自分の物にできるのです。

借りる

わたしはこれまで、タッカーからキッチン用品まで、あらゆる物を友だちや近所の人から借りてきました。所有したことのない物を買おうと思ったとき、誰かから借りるというのは、それを試してみる方法にもなります。また、本は場所を占めるので、次に読む本を探しに地元の図書館に行くのもいいでしょう。

🏠 レンタルする

スキャナーや衣類スチーマーなどの高価な物に大きな投資をする前に、レンタルしてみるのはいい考えです。もしかすると、年に一度か二度しか使わない物だと気づくかもしれません。そういった物を購入してしまうと、結局はレンタルするより金銭的にも空間的にも失うものが大きくなってしまいます。

🏠 外注する

芝生の庭があるからといって、芝刈り機を買わなければいけないわけではありません。月に2回、誰かに芝を刈りに来てもらうことを検討しましょう。

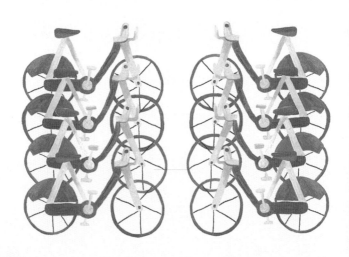

アクティビティ

レンタルか購入か

　これから先、購入するよりレンタルしたほうがいいか
もしれない物のリストを作ってみてください。そしてそ
のリストを手元に置いておきましょう。SNSのコミュニ
ティグループで、買うのではなくレンタルするほうがい
い物が何かと質問してみるのもいいかもしれません。以
下に挙げるのは、わたしからの提案です。

- DVD、音楽、本
- 楽器
- 結婚式やフォーマルな場面で着る服
- パーティーやイベントで使うアイテム
- キャンプやアウトドア用品
- 運動用の道具

内側を見る

　これまでは、外側から変化を
起こす方法について話してきまし
た。でも、内側から始めてみるのはど
うでしょうか。

　メーカーは、わたしたちの自信のなさにつけ込み、
想定される問題に対して魅力的で簡単な解決策を示して
市場に商品を送り込みます。たとえば、ヘアカラーの
パッケージは、あなたを若く、自信にあふれ、そしても
ちろんパーフェクトに見えるようにすることを約束します。
こうした誘惑にはあらがいがたいものがあります。

　不安を追い払い、自信を持つためにわたしが使ういち
ばん強力なツールは、じつにシンプルです。それは、自
分と他人を比べるのをやめることです。本当の自分、唯
一無二の自分になるのが、あなたがあなた自身に与える
ことのできる――買う必要のない――最高のプレゼント
です。

比較は、喜びを盗む泥棒だ

　　――セオドア・ルーズベルト

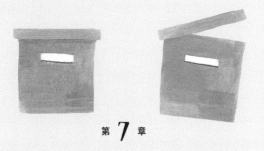

第 **7** 章

新しい考え方を取り入れる

幸せな人生を送るには多くは必要ない。
すべてはあなたの考え方しだいだ
——マルクス・アウレリウス・アントニヌス

なぜ、片づけをするだけでは
十分ではないのでしょうか?

　家中の片づけを終えたものの、あなたの習慣はひとつも変わっていない、そんな世界を想像してみましょう。あなたは、気持ちを紛らわせるために買い物をし続けています。スケジュールは相変わらずぐちゃぐちゃです。なぜなら、ほかの人を喜ばせないといけないという気持ちから、ついつい「イエス」と言ってしまいますし、子どもの放課後の活動にも毎回参加するはめになってしまうからです。週末になんとか片づけをしようとしても、そのうち心身ともに燃え尽きてしまいます。あなたがどんなに、手に余るほどの仕事を処理するのが得意だとしても、何かをあきらめなければなりません。そんなあなたは、生活に対する考え方を変える必要があります。つ

まり、整った家を支えるには、整った習慣を身につける必要があるのです。

進行中の作業

　生活を整えることは、体を鍛えることに似ています。目標とする体重にたどりつこうとするとき、わたしたちは適切な食べ物を食べたり、運動をしたりして、健康的なライフスタイルを採用する必要があります。

　片づけも同じです。よりよい買い物習慣というスキルを磨きながら、持ち物について絶えず判断します。それはつまり、どんな物であれ、買いたいと思っている物は自分には必要ないと自信を持って宣言し、自分はすでに十分に物を持っていると確信している状態を意味します。

**整った生活は1日や2日で
できるものではありません。**

　多くの人にとって、整った生活を手に入れる過程でいちばん簡単なのは、物を片づけるという最初の部分です。物が多すぎる状態で暮らしたあとは、誰でも荷を軽くする準備ができています。ところが、時間がたって新鮮さが失われると、また物がたまりはじめます。生き方に真の変化を起こさないかぎり、きちんと片づいた家を維持するのは難しいでしょう。

　現代社会では、ものごとをすばやく処理し、簡単にしたがる傾向がありますが、片づけというのはそれに向かって努力し続けるものです。失敗から手順を改善したり、学んだりします。それを理解できたとき、あきらめる機会は減っていきます。

変化は過程であり、出来事ではない
　　──ハーバード・ビジネス・スクールの
　　　　リーダーシップ論名誉教授
　　　　ジョン・P・コッター

新しい趣味を持つ

　家とスケジュールをすっきりさせたあと、あなたは多くの時間があることに気づくでしょう。とくにおすすめの、気晴らしになるアクティビティをいくつかご紹介します。

🔶 マインドフルネスの訓練をする

　瞑想によって、わたしたちは周囲の環境に対して意識的になり、手にしているものをありがたく思えるようになります。瞑想は、わたしたちの世界を多くの思いやりであふれるようにしてくれます。心理療法士でストレスマネジメントコンサルタントのパトリツィア・コラード博士は、わたしのお気に入りのマインドフルネスの効果を次のように説明しています。「目の前のものに注意を向け、一瞬一瞬を愛おしんで生きることを心がければ、心の安らぎや生きる喜びがよみがえってきます。そして、折に触れて人生の素晴らしさを実感することでしょう」※10

日記を書く

わたしたちの頭は考えごとでいっぱいになることがあります。個人的な作業の工程について書くことは、あなたの人生を、より簡単な方法で整理する手助けをしてくれます。さらに、これまでの人生をどう生きてきたか、振り返るのにも役立ちます。

何か新しいことを学ぶ

あなたはこれまで、家をリフォームするテレビ番組にいつも心を惹きつけられてきたかもしれません。さあ、いまこそ、家の物を修理する方法を学ぶ講座を受講してみましょう。

還元する

ほかの人のために時間を使うのは、人生においてあなたが持つすべての物に対して感謝の気持ちを表す、最高の方法のひとつです。

年を取った人たちが、
まだ一度も腰を下ろしたことのない人たちのために
木陰になる木を植えたとき、社会は成長する
　　　──ギリシアのことわざ

やり遂げる

　このお話は、わたしがこれまで語ってきたことのまとめのようなものです。ビルとスティーブは、47年にわたって1枚のバースデーカードを送りあってきました。バースデーカードの最高のお返し方法だと思いませんか？　わたしが片づけを手伝ってきた多くの家には、日の目を見ることのない美しい文房具がどっさりありました。棚の中にしまい込まれているので、それらを見て楽しむ人は誰もいませんでした。

　ビルとスティーブが94回やりとりをしたカードは、いまでは伝説になっています。持っている物でなんとかする、そして常識に逆らって永遠に残る物を作るという、最高の教訓です。素晴らしく感動的な話だと思いませんか。

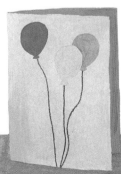

困難に立ち向かえますか？

　片づけについての考え方を変えるために求められる努力、そしてそれを片づけの習慣以上のものを含むライフスタイルとして認める努力が、これからのあなたに試されるでしょう。自分の感情にマインドフルになること、自分の行動に計画的になること、そして新しい習慣を身につけることが求められます。それがどんなに困難だったとしても、最後には——エンパワーメントや自由、達成感といった——無限の報酬をもたらしてくれます。

　人生を整理整頓するために最初のエネルギーを投入するのは、とても難しいことに思えるかもしれません。でも、はじめの一歩を踏み出さなければ、旅が始まることはないのです。

参考文献

はじめに

※1 Philip Brickman, Dan Coates and Ronnie Janoff-Bulman, "Lottery Winners and Accident Victims: Is Happiness Relative?", Journal of Personality and Social Psychology, Vol.36, No. 8, 1978.

第1章

※2 "Clutter", The Free Dictionary by Farlex（オンライン）

※3 D M Beck and S Kastner, "Top-down and bottom-up mechanisms in biasing competition in the human brain", Vision Research, 2008.

※4 Jeanne E Arnold, Anthony P Graesch, Enzo Ragazzini and Elinor Ochs, Life at Home in the Twenty-First Century: 32 Families Open Their Doors, UCLA Cotsen Institute of Archaeology, Los Angeles, 2012.

第2章

※5 Michael Grothaus, "Why Journaling Is Good For Your Health (And 8 Tips To Get Better)", Fast Company, 29 January 2015.
マウド・パーセル：心理療法士、エグゼクティブコーチ。コネチカット州デリエンにある、すべての人を治療するために設立された35の企業と患者の協会〈The Life Solution Center of Darien〉の設立者。

第4章

※6 Leaf Van Boven, "Experientialism, Materialism, and the Pursuit of Happiness", Review of General Psychology, University of Colorado at Boulder, Vol. 9, No. 2, 2005.

第5章

※7 Laura Vanderkam, "The Busy Person's Lies", New York Times, 13 May 2016. ローラ・ヴァンダーカムは I Know How She Does It の著者。

※8 同上。

第6章

※9 Alden Wicker, "Fast Fashion is Creating an Environmental Crisis", Newsweek, 1 September 2016.

第7章

※10 パトリツィア・コラード『瞑想を始める人の小さな本——クヨクヨとイライラが消えていく「毎日10分」の習慣』（プレジデント社、2015）

謝辞

　この本を書く機会を与えてくれたキャサリン・ラットショー、そしてはじめての著書の刊行に導いてくれたオクトパス社のリアンヌ・ブライアン。ふたりに永遠に感謝します。

　わたしの相談役になってくれたエマ・ソーン・クリスティにありがとうを。あなたは数えきれないほどの方法でわたしを助けてくれました。

　初期の原稿を読んでくれ、素晴らしいフィードバックをくれたアレクシス、アン、メリッサ・L、メリッサ・P、アビー。大切な友人たちに感謝します。

　同僚であり、友人であり、わたしに常にインスピレーションを与えてくれるフェイ・ウォルフは、わたしががんばれるよう、励ましてくれました。

　そして、最後になりますが最大の感謝の気持ちを、このプロジェクトの当初からわたしのコーチであり、アカウンタビリティパートナーであったミシェル・マックコーミックに捧げます。

Beth Penn
ベス・ペン

整理整頓の専門家、インストラクター、講演者。『リアル・シンプル・マガジン』『ロサンゼルス・タイムズ』『アパートメント・セラピー』やテレビ番組「トゥデイ」などによく取りあげられている。片づけの会社 Bneato Bar を設立し、個人や企業が片づけを通してより多くの時間と空間と喜びを得られるような取り組みを続けている。

片づけについての小さな本
あなたの住まいと人生を整理整頓する方法

2021年5月25日　第1刷発行

著　者	ベス・ペン
訳　者	岡田直子
翻訳協力	株式会社リベル
発行者	長坂嘉昭
発行所	株式会社プレジデント社
	〒102-8641
	東京都千代田区平河町2-16-1
	電話　編集(03)3237-3732
	販売(03)3237-3731
装丁	ナカミツデザイン
印刷・製本	凸版印刷株式会社

ISBN978-4-8334-2412-7